# UN MOT
# SUR L'IMPORTANTE
# QUESTION

DE L'*AUGMENTATION* DU CAPITAL NOMINAL,

EN

COMPENSATION DE LA *DIMINUTION* DU REVENU;

ET

# REDRESSEMENT

## DES BALANCES DU COMPTE

PRÉSENTÉ

A LA CHAMBRE DES PAIRS,

PAR

M. LE MINISTRE DES FINANCES.

# UN MOT
## SUR L'IMPORTANTE
# QUESTION

DE L'*AUGMENTATION* DU CAPITAL NOMINAL,

EN

COMPENSATION DE LA *DIMINUTION* DU REVENU;

ET

## REDRESSEMENT

### DES BALANCES DU COMPTE

PRÉSENTÉ

## A LA CHAMBRE DES PAIRS,

PAR

## M. LE MINISTRE DES FINANCES.

## Par Armand SÉGUIN.

---

On peut, à volonté, par le *remboursement,* faire cesser le *dommage* d'un intérêt trop élevé; on ne peut jamais *légalement* et *consciencieusement* diminuer l'importance d'une dette en *capital.*

---

# PARIS.

IMPRIMERIE DE GUIRAUDET, RUE St-HONORÉ, Nº 315, VIS-A-VIS SAINT-ROCH.

Mai 1824.

# UN MOT

## SUR L'IMPORTANTE

## QUESTION

DE *L'AUGMENTATION* DU CAPITAL NOMINAL,

EN

COMPENSATION DE LA *DIMINUTION* DU REVENU;

Et redressement des balances du compte présenté à la Chambre des Pairs par M. le Ministre des Finances.

---

Les défenseurs du projet de réduction soutiennent qu'il est plus avantageux, pour le gouvernement, d'augmenter le capital des rentes en *diminuant* leur revenu, que de diminuer le capital des rentes en *augmentant* leur revenu.

Cette question, d'une haute importance, qui a été controversée par des hommes de mérite, aurait, sans doute, présenté moins de difficultés, si, au lieu de la considérer sous un aspect isolé, on l'eût considérée dans l'ensemble de la fortune publique.

### PREMIÈRE PROPOSITION.

Supposons, seulement, à l'instar de **M.** le ministre des finances, 140,000,000 fr. de rentes, *réductibles* et *amortissables ;*

Admettons, conformément aux bases du projet, *réduction* d'un *cinquième* sur le *revenu*, et *augmentation* d'un *tiers* sur la *valeur nominale* de la dette.

Dans le premier cas, sans la réduction, on aurait

1° Pour dépense annuelle. . 140,000,000 fr.

2° Pour dépense de remboursement. . . . . . . . . . . — 2,800,000,000 fr.

Dans le second cas, après réduction, on aurait

1° Pour dépense annuelle. . 112,000,000 fr.

2° Pour dépense de remboursement. . . . . . . . . . . 3,733,000,000 fr.

Les différences entre les revenus, et entre les valeurs de remboursement, seront ainsi qu'il suit :

Moindre dépense annuelle, par diminution du revenu. . . . . . . . . . . . . 28,000,000 fr.

Plus forte dépense en capital, par augmentation du remboursement . . . . . 933,000,000 fr.

Dans l'état actuel, le revenu de toutes les richesses de la France est de. . 4,200,000,000 fr.

Les dépenses de l'Etat sont de 900,000,000 fr.

On peut donc dire que chaque 100 fr. du revenu des richesses de la France contribue aux dépenses de l'Etat pour. . . . . . . . 21 fr. 43 c.

Supposons que, dans l'état actuel, le gouvernement trouve *convenance* à rembourser, ou à amortir sa dette capitale de 2,800,000,000 fr., relative aux rentes, en

20 années.

Il faudrait que, à cet effet, il prît sur ses 900,000,000 fr. une somme de

140,000,000 fr.

Ce qui correspondrait par chaque 100 fr. de ces 900,000,000 fr. à

15 fr. 55 c.

Supposons également que la loi qui fixe le taux légal de l'intérêt à 5 pour cent soit rapportée, et qu'il soit rendu une nouvelle loi qui fixe le taux légal de l'intérêt à 4 pour cent.

Alors le revenu des richesses de la France ne serait plus que de. . . . . . 3,360,000,000 fr.

Mais aussi les dépenses de l'État ne seraient plus que de. . . . . . . . . . . 720,000,000 fr.

Sous cet aspect, le rapport respectif, pour les contribuables, entre leurs positions de fortune, ne serait nullement changé.

Mais voyons ce qui en résulterait dans la fortune de l'État, relativement à l'amortissement de sa dette en rentes.

Si, de même que ci-devant, le gouvernement voulait amortir sa nouvelle dette capitale envers les rentiers qui, après réduction, se trouverait être élevée à

5,733,000,000 fr.

Il faudrait qu'il consacrât annuellement à ce remboursement une somme de

186,500,000 fr.

Pour conserver le même rapport avec les débours relatifs à cet objet, avant *réduction* de l'intérêt, il ne devrait avoir en débours pour le remboursement des rentes que

112,000,000 fr.

( 9 )

Son débours, après *réduc-
tion*, serait de. . . . . . . . .         186,500,000 fr.

Son débours relatif, com-
parativement à celui avant
*réduction*, ne devrait être que
de. . . . . . . . . . . . . . . .         112,000,000.

Son augmentation de dé-
bours serait donc de . . . . .         74,500,000 fr.

La jouissance par la réduction des rentes ne serait que
de. . . . . . . . . . . . . . . . .         28,000,000.

La perte annuelle serait
donc de. . . . . . . . . . . . .         46,500,000 fr.

Qui, à quatre pour cent, représentent un capital de

1,162,500,000 fr.

Ainsi le mode *d'augmenter* le capital nominal d'un *tiers*, en *diminuant* le revenu d'un
*cinquième*, est ruineux pour l'État, si le gouvernement atteint le but qu'il se propose, savoir, de

*Réduire, généralement, l'intérêt d'un cin-
quième.*

## DEUXIÈME PROPOSITION.

Monsieur le ministre des finances a dit à la
Chambre des pairs :

« J'admets un moment les calculs qui ont été
« présentés par les adversaires de la mesure,
« ainsi que les bases sur lesquelles ils les éta-
« blissent. C'est un moyen d'en finir sur les
« 900,000,000 fr. dont on nous accuse de grever
« le trésor public ; je considérerai donc comme
« une augmentation réelle de la dette l'amor-
« tissement des 933 millions en capital nominal.
« Voici comme je raisonne sur les 933 millions :
« Il faut d'abord déduire le capital des 28 mil-
« lions que l'état gagne annuellement sur l'in-
« térêt, c'est-à-dire 560 millions. Il faut ensuite
« observer que le cours ne devant peut-être ja-
« mais s'élever au pair, et ne pouvant, dans tous
« les cas, y arriver qu'après un grand nombre
« d'années, l'augmentation du capital doit être
« diminuée de toute la différence qui existera
« entre le pair et le cours réel au moment des
« rachats ; ce n'est pas le lendemain du jour de
« l'émission qu'on rachetera les 3 pour cent au
« pair. La déduction pour cet objet a été fixée
« par le noble pair, qui a parlé dans la séance
« d'hier, à la moitié. J'adopte encore cette base,
« au lieu de celle que le gouvernement avait
« présentée. C'est donc la somme de 465 mil-
« lions qu'il faut déduire des 560 millions que
« je viens de prouver être produite par l'opé-
« ration. L'État a donc un avantage réel de plus
« de 100 millions dans le résultat de la mesure,
« calculée même sur les bases les plus défavo-
« rables. »

Après avoir lu ces phrases, et les avoir *relues* à satiété, je suis resté bien du temps incertain si je n'étais pas dans un état de *rêve*. Je n'en croyais pas mes yeux; et, après m'être complétement assuré que ma vue n'était pas encore trouble, je n'ai pu pallier la *poignante affliction* qui s'était emparée de mon âme, qu'en me persuadant qu'il existait dans la publication des fautes graves d'impression, et des propositions qui, bien certainement, n'avaient pu sortir de la bouche de M. le ministre des finances.

En effet, si tout autre homme tenait jamais un tel langage, je ne pourrais, voulant ménager les convenances et les égards de la civilité, m'empêcher de me dire intérieurement :

Ou ce que j'entends est hors de ma portée de conception; ou celui qui tient ce langage est *abusé* ou veut *abuser.*

Ce point est tellement *grave*, que, dussé-je être mis en accusation devant l'Être-Suprême, je n'en persisterais pas moins à soutenir qu'il existe dans l'assertion une erreur évidente; et à le prouver, irrésistiblement, sans redouter l'arrêt que l'*impartialité* aurait à prononcer.

Monsieur le Ministre des finances ne fait pas entrer dans son compte les élémens qui couvriraient, par compensation, son apparence de *bénéfice*, et qui, même au delà, donneraient l'aspect d'une *perte* extrêmement considérable.

Parmi ces élémens oubliés, on doit compter, en premier ordre, les frais de perception.

Puis, et surtout, la *prolongation*, en *capital*, en *frais de perception*, et en *intérêts*, des *charges prolongées* des contribuables, par le fait de la prolongation de la durée de l'amortissement.

Faisons donc notre bilan général, fondé sur les propres bases de M. le Ministre des finances; faisons-y entrer tous les élémens qui doivent le composer; déduisons-en le résultat *vrai*; et comparons ce résultat d'*ensemble* au résultat *partiel* présenté par M. le Ministre des finances.

Avec la puissance amortissante maintenant existante, les 140 millions de rentes, rachetées au cours fixé par M. le ministre des finances, de 100 fr. pour 5 fr., exigeraient un laps de temps de.................... 21 années 5 mois 28 jours.

Avec la même puissance amortissante, les 112 millions de rentes existantes après réduction, rachetées au cours fixé par M. le ministre des finances, de 87 fr. 50 c. pour 5 fr., exigeraient un laps de temps de.................... 27 — 3 — «

. La durée de l'amortissement des 112 millions excéde-
rait donc la durée de l'amortis-
sement des 140 millions de. . .  $5^{\text{années}}$ $9^{\text{mois}}$ $2^{\text{jours}}$.

Les dépenses annuelles des contribuables
auraient, dans le cas de non-réduction, cessé
au bout de

21 années, 5 mois, 28 jours.

Les dépenses annuelles des contribuables
auraient dans le cas de réduction eu lieu pendant

27 années, 5 mois, 28 jours.

Ces dépenses se trouveraient donc prolongées
de

5 années, 9 mois, 2 jours.

Voici quelle serait, annuellement, l'importance de ces dépenses.

Continuation des paiemens d'arrérages, savoir :

Pour rentes formant supplément de la dotation de la caisse d'amortisse-
ment. . . . . . . . . . . . . . . . .  31,912,921 fr.

Pour rentes amortissables. .  112,000,000.

Pour dotation ordinaire. . .  40,000,000.

Ensemble. . . . . . . .  183,912,021 fr.

Je négligerai ici les frais de perception qui,
annuellement, s'élèveraient, pour ce seul objet,
à

34,600,000 fr.

Je négligerai même les intérêts de la dépense annuelle et nette, isolée de ses frais de perception, quoique ces intérêts, calculés, sur le taux admis par M. le Ministre des finances, savoir, 3 fr. 45 c. pour 100 fr. , s'élèvent à

129,000,000 fr.

Nous aurons dès lors en perte pour les contribuables, par le seul fait de la prolongation des 183,912,021 fr. de leurs dépenses annuelles, en capital seulement; et mettant même de côté les frais de perception, une somme de. . . . . . . . . . . . . 1,058,413,680 fr.

M. le Ministre des finances, après avoir fait la balance entre la plus-value du taux des rachats, et la *bonification* de la réduction , signale pour les contribuables un *bénéfice* de. . . . . . . . . . . . . 100,000,000.

Il resterait donc, en partant des propres bases de M. le Ministre des finances, en capital seulement, sans tenir compte de ses intérêts pendant 5 années, 9 mois, 21 jours, et même en n'ayant égard ni au capital ni aux intérêts des frais de perception, une *perte* de . . . . . . . . . . 958,413,680 fr.

Je n'ai suivi cette marche que dans l'intention de redresser les balances du compte présenté à la chambre des pairs par **M.** le ministre des finances.

Elle avait été adoptée par lui, je n'ai pas du m'écarter de ses erremens.

Toutefois je dois à la vérité de déclarer que le mode de procéder de **M.** le ministre des finances est complétement défectueux, parce qu'il ne peut jamais présenter aucun résultat réellement exact.

Il est sans doute désirable de faciliter l'intelligence de ses auditeurs, mais il ne faut pas, pour atteindre ce but, les induire en erreur.

Malheureusement, c'est toujours ce qui arrive, lorsque, relativement à des propositions financières, qui ont pour élémens l'influence du *temps*, celle du *taux* de *l'intérêt*, et surtout celle des *intérêts composés*, on met de côté ces diverses influences, et on procède par ce qu'on nomme, dans le langage ordinaire, les *termes moyens*.

Je vais en donner quelques preuves.

Je suppose une opération de remboursement qui exige, pendant dix années, un déboursé annuel de 10,000,000 fr.

L'ensemble du capital déboursé sera de

100,000,000 fr.

Je suppose, comparativement, une opération de remboursement, qui exige, pendant quarante ans, un égal déboursé annuel de 10,000,000 fr.

L'ensemble du capital déboursé sera de

400,000,000 fr.

*Superficiellement,* on pourrait présumer que cette seconde opération présenterait, relativement à la première, un désavantage quatre fois plus grand.

Mais si l'on considère que chaque débours équivaut à une privation de jouissances, on devra, nécessairement, faire entrer dans la comparaison, qu'elle qu'en puisse être l'influence finale, ces privations de jouissances, qui, réellement, représentent un capital *déguisé.*

Prenons donc l'intérêt légal, et dès lors nous trouverons que, avec une durée de 10 années, un débours annuel de 10,000,000 fr., et un intérêt légal de 5 pour 100, le débours total, en capital et en intérêts, sera de

132,100,000 fr.

Et, de même, on trouvera qu'avec une durée de 40 années, un débours annuel de 10 millions, et un intérêt légal de 5 pour 100, le débours total, en capital et en intérêts, sera de

$$1,268,400,000 \text{ fr.}$$

Ce qui établit entre les deux résultats pécuniaires un rapport de

$$10 \text{ à } 96.$$

En considérant seulement les capitaux, le rapport pécuniaire ne serait que de

$$10 \text{ à } 40.$$

La différence serait donc plus que double.

En général, le calcul des intérêts composés a ce genre de difficultés, qu'il comprend des rapports simples et des rapports de *puissances*.

Les uns doivent être régis par des proportions arithmétiques, les autres doivent être régis par des progressions géométriques.

En les séparant, et en voulant de l'un d'eux, pris arbitrairement, déduire les conséquences des autres, on tombe, *nécessairement*, dans l'arbitraire, qui, suivant qu'on aura bien combiné *l'intention*, ou qu'on aura eu la *main heureuse*, procurera, *faussement*, un aspect, soit *favorable*, soit *défavorable*.

Dans une telle position, toute conclusion générale, déduite d'une exposition partielle, est *fautive*, et peut bien *fortement* égarer, soit dans un sens, soit dans un autre.

Il n'est qu'un seul moyen d'arriver à un résultat *vrai* et *inattaquable*, c'est de ne négliger aucun élément, même ceux qui sembleraient ne devoir avoir que peu d'influence.

La raison peut en *préjuger* la *nature*, mais ni la raison, ni même la science ne peuvent, même par des *inductions*, en *préjuger l'importance*, attendu que la progression croissante qui les régit ne suit pas une marche régulière.

On peut donc, en cette partie, même avec des *intentions pures*, se *tromper* et *tromper* les autres.

C'est ce qu'a fait M. le Ministre des finances.

L'objet a, en lui-même, trop d'importance pour ne pas exprimer à ce sujet toute ma pensée.

L'auteur des articles du *Moniteur* et du Milliard retrouvé pourrait-il, également, prétexter de la pureté de ses intentions?

C'est, je le dis avec la même *franchise*, ce que je ne pense pas, et ce sur quoi le public est appelé à prononcer *définitivement*.

Dans ce cas, dira-t-on, il aurait donc eu au moins de la science ?

Ce serait là une question encore plus douteuse :

La *fausse science* est bien plus disséminée que la *science*, et son véritable *cachet* est de tout *embrouiller*, en ayant l'apparence de tout *débrouiller*.

En tout, même en admettant bonne foi, il n'est rien de plus *dangereux* que la *fausse science*.

En *finances*, surtout, les *faux savans* sont, *financièrement*, ce que sont les filous comparés aux voleurs de grands chemins.

On se *méfie* des derniers ; on ne prend que bien peu de *précautions* contre les premiers.

Rapprochons succintement les principaux motifs d'influence qui doivent régir la réduction des rentes, motifs d'influence auxquels, *volontairement*, ou *involontairement*, on n'a eu nul égard.

Quand le trésor royal paie à la décharge directe des contribuables une somme de 100 fr., par exemple, il est sorti de leur caisse, non seulement cette somme de 100 fr., mais, en outre, une somme de 18 fr. répartie entre les percepteurs des impositions.

Il convient donc, pour établir la véritable situation des contribuables, d'ajouter à la somme *nette*, payée en leur acquit par le trésor royal, la somme supplémentaire qui est sortie de leur caisse pour satisfaire aux frais de perception nécessaires à l'encaissement *net*.

L'effet de l'amortissement est de mettre un terme aux charges annuelles de la dette, de quelque nature qu'elles soient.

Si donc, par un mode d'acquittement quelconque, la libération a plus de *durée*, c'est-à-dire si les charges annuelles doivent se prolonger, il faut porter au *passif* des contribuables, comme *sacrifice* qu'ils doivent supporter, non seulement le débours *brut*, qui doit sortir de leur caisse pour satisfaire à ces charges prolongées, mais encore la privation de leurs jouissances pendant cette prolongation, et, conséquemment, les intérêts de ces *débours bruts*.

En définitive,

Réduire l'intérêt de la dette publique, ou la

rente, c'est réduire annuellement le fonds de l'amortissement :

C'est donc prolonger nécessairement la durée de l'amortissement :

C'est donc prolonger d'autant le service des arrérages des rentes et de la dotation de 40 millions ;

C'est donc s'imposer une perte ;

C'est donc augmenter les charges des contribuables.

On en a établi l'importance.

Ici on en donne la raison : et cela doit être sensible pour tout le monde.

En un mot, réduire la rente, c'est réduire les moyens de la libération ;

C'est augmenter les charges des contribuables.

Que devient donc cette prétendue bonification des 28 millions.....?

Enfin, il faut porter à *l'actif* ou au *passif* des contribuables la balance entre le capital encaissé et le capital déboursé pour la libération.

Cette différence ne pouvant s'établir qu'au moment de la libération ne peut être *passible* d'intérêts.

Mais elle ne signale *réellement* qu'un débours *net*, et ne représente pas le débours *brut* des contribuables pour y satisfaire.

Il convient donc d'y ajouter aussi les *frais de perception*.

En ayant égard à tous ces élémens, dans leur *ensemble*, et dans leur connexité, on met complétement *la vérité à nu*.

Par *scindement* on peut, à volonté, présenter, soit l'aspect *avantageux*, soit l'aspect *désavantageux*.

La raison voudrait qu'on les *balançât* pour en déduire un résultat *irrécusable*.

M. le ministre des finances, et l'auteur du Moniteur et du Milliard retrouvé, *scindent* les élémens, et ne présentent que les aspects *avantageux*.

M. le ministre des finances le fait par *persuasion*.

Il serait impossible, et par trop *douloureux*, de penser autrement.

L'auteur du Moniteur et du Milliard retrouvé
le fait par *combinaison*.

A toutes ses phrases, on entrevoit, trop évidemment, *le bout de l'oreille*.

M. le ministre des finances, dans la présentation de son compte, n'est donc sans doute reprochable que par *omission*, volontaire ou involontaire.

L'auteur du Moniteur et du Milliard retrouvé
l'est par les *erreurs grossières* de ses erremens.

Si, au lieu de suivre, ainsi que l'a fait M. le
ministre des finances, cette marche *incomplète*,
de n'opérer que sur des débours nets, sans nul
égard pour la *durée* de la libération, on établit,
ainsi que le commande la *rectitude* de la raison, un *compte général*, dans lequel figurent
la *durée* de la libération, et les débours *bruts*,
soumis au taux de l'intérêt fixé par M. le ministre des finances, savoir, 3 fr. 43 c. pour 100 fr.,
alors, *seulement*, on obtient un résultat *exact*,
*vrai, irréprochable*, dont la balance *passive*, à
la charge des contribuables, est, ainsi que je
l'ai démontré page 138 de mon ouvrage sur la
réduction, de

1,818,425,100 fr.

Je conclus, avec un sentiment d'allégement d'oppression, que, très-probablement les intentions de M. le ministre des finances sont *pures*, et que son erreur provient, *uniquement*, de ce qu'on l'a *abusé*, en ne lui mettant pas sous les yeux *l'ensemble* des données qui auraient pu fixer, *irrévocablement*, son opinion.

Les intéressés ont profité, avec adresse, de son ardent désir pour la prospérité de l'état, et de sa *perspicacité* remarquable, pour ne lui offrir que les bases qui pouvaient servir d'aliment à la première de ces deux qualités, et pour rendre inactive la seconde.

*L'exemple* d'une nation voisine, dont la prospérité financière s'accroît de jour en jour;

*L'espoir* d'une *diminution* du taux de l'intérêt, conséquemment des dépenses de l'Etat;

*L'augmentation* de la prospérité de l'agriculture et du commerce;

La *diminution* des progrès *déplorables* de l'agiotage;

Telles sont les *perspectives* qui lui ont été présentées.

Elles devaient exciter puissamment sa *sollicitude*, et sa *soif ardente* de la *prospérité* de son pays.

Mais il ne suffit pas d'entrevoir un but dans l'avenir, il faut, d'un même coup d'œil, apercevoir, sinon la réalité, au moins le plus grand ordre de probabilités de l'intervalle qui sépare les deux extrêmes.

C'est là ce sur quoi on a trompé la *religion* de M. le ministre des finances.

C'est là ce que l'immensité de ses occupations ne lui a pas permis d'*approfondir,*

Ces *présomptions* de ma part font sur mon ame une telle impression que je suis intimement convaincu que, si la loi était adoptée, il ne se passerait pas une année avant que M. le ministre des finances, ayant été plus à même de réfléchir sur l'ensemble de la mesure, ne convînt qu'il a suivi une *fausse marche.*

Malheureusement pour lui, cette pensée pourrait troubler le bonheur du restant de ses jours.

Avoir *nui* à ceux qu'on voulait *servir,* n'est-ce pas, de tous les reproches qu'on peut s'adresser, le plus poignant pour un *honnête homme?*

M. le ministre des finances jouit, incontestablement, de cette *qualité,* !

Qu'il est douloureux, dès lors, d'entrevoir et de pressentir son avenir !

*Amicus Plato, magis amica veritas.*

ARMAND SÉGUIN.